Mis primeros libros de ciencia

Los edificios están hechos de formas

De Miranda Kelly
Traducción de Pablo de la Vega

T0020275

ÍNDICE

Un libro de El Semillero de Crabtree

CRABTREE
Publishing Company
www.crabtreebooks.com

Los edificios están hechos de formas

Mira a tu alrededor. Hay formas en todas partes.

3

Las formas nos ayudan a construir edificios.

Construimos techos usando triángulos.

7

8

Encuentra los triángulos.

Hacemos puertas con rectángulos.

Construimos muros usando rectángulos.

Encuentra los rectángulos.

Hacemos ventanas con cuadrados.

Construimos pisos con cuadrados.

Encuentra los cuadrados.

¡También usamos círculos!

Glosario

 **círculos:** Los círculos son formas perfectamente redondas.

 **cuadrados:** Los cuadrados son formas que tienen cuatro lados iguales.

 **rectángulos:** Los rectángulos son formas que tienen dos lados largos y dos cortos.

 **triángulos:** Los triángulos son formas que tienen tres lados.

Índice analítico

Apoyos de la escuela a los hogares para cuidadores y maestros

Este libro ayuda a los niños en su desarrollo al permitirles practicar la lectura. Abajo están algunas preguntas guía para ayudar al lector a fortalecer sus habilidades de comprensión. En rojo hay algunas opciones de respuesta.

Antes de leer:

- **¿De qué pienso que tratará este libro?** *Pienso que este libro es sobre la construcción de casas. Pienso que este libro es sobre las formas.*

- **¿Qué quiero aprender sobre este tema?** *Quiero aprender sobre las distintas formas. Quiero aprender cómo se usan las formas en la construcción.*

Durante la lectura:

- **Me pregunto por qué...** *Me pregunto por qué los techos parecen triángulos. Me pregunto por qué los ladrillos son rojos.*

- **¿Qué he aprendido hasta ahora?** *Aprendí que las paredes son construidas con rectángulos. Aprendí que los pisos son hechos de cuadrados.*

Después de leer:

- **Lee el libro de nuevo y busca las palabras del glosario.** *Veo la palabra **triángulos** en la página 6 y la palabra **rectángulos** en la página 10. Las demás palabras del vocabulario están en la página 23.*

Library and Archives Canada Cataloguing in Publication
Title: Los edificios están hechos de formas / de Miranda Kelly ;
    traducción de Pablo de la Vega.
Other titles: Shapes can make buildings. Spanish
Names: Kelly, Miranda, 1990- author. | Vega, Pablo de la, translator.
Description: Series statement: Mis primeros libros de ciencia |
    "Un libro de el semillero de Crabtree". | Translation of:
    Shapes can make buildings. | Includes index. | Text in Spanish.
Identifiers: Canadiana (print) 20210241454 |
    Canadiana (ebook) 20210241462 |
    ISBN 9781039619678 (hardcover) |
    ISBN 9781039619722 (softcover) |
    ISBN 9781039619777 (HTML) |
    ISBN 9781039619821 (EPUB) |
    ISBN 9781039619876 (read-along ebook)
Subjects: LCSH: Shapes—Juvenile literature. | LCSH: Geometry—
    Juvenile literature. | LCSH: Buildings—Juvenile literature.
Classification: LCC QA445.5 .K4518 2022 | DDC j516/.15—dc23

Library of Congress Cataloging-in-Publication Data
Names: Kelly, Miranda, 1990- author. | Vega, Pablo de la, translator.
Title: Los edificios están hechos de formas / Miranda Kelly ; traducción de
    Pablo de la Vega.
Other titles: Shapes can make buildings. Spanish
Description: New York, NY : Crabtree Publishing Company, [2022] | Series:
    Mis primeros libros de ciencia - un libro el semillero de Crabtree |
    Includes index.
Identifiers: LCCN 2021027122 (print) |
    LCCN 2021027123 (ebook) |
    ISBN 9781039619678 (hardcover) |
    ISBN 9781039619722 (paperback) |
    ISBN 9781039619777 (ebook) |
    ISBN 9781039619821 (epub) |
    ISBN 9781039619876
Subjects: LCSH: Shapes--Juvenile literature. | Building--Juvenile literature.
Classification: LCC QA445.5 .K44718 2022 (print) | LCC QA445.5 (ebook) |
    DDC 516/.15--dc23
LC record available at https://lccn.loc.gov/2021027122
LC ebook record available at https://lccn.loc.gov/2021027123

Crabtree Publishing Company

www.crabtreebooks.com   1–800–387–7650

Published in the United States
Crabtree Publishing
347 Fifth Ave.
Suite 1402-145
New York, NY 10016

Published in Canada
Crabtree Publishing
616 Welland Ave.
St. Catharines, Ontario
L2M 5V6

Written by Miranda Kelly
Translation to Spanish: Pablo de la Vega
Spanish-language layout and proofread: Base Tres
Print and production coordinator: Katherine Berti
Printed in the U.S.A./072021/CG20210514

Print book version produced jointly with Blue Door Education in 2022

Image credits: Shutterstock.com: Cover; hikesterson, Pg2/3; Jon Bilous. istock.com: Pg4/5; Michael Warren, Pg6/7; TT. Shutterstock.com: Pg8/9; karamysh, Pg10/11; Ruslan Kalnitsky. Pg12/13; Bogdanhoda. Shutterstock.com: Pg14/15; Brian Goodman. i-stock.com: Pg 16/17; Ratth, Pg18/19; wabeno, Pg20/21; flammulated, Pg22/23; amoklv/shutterstock.com